BEI GRIN MACHT SICH IHR WISSEN BEZAHLT

- Wir veröffentlichen Ihre Hausarbeit, Bachelor- und Masterarbeit

- Ihr eigenes eBook und Buch - weltweit in allen wichtigen Shops

- Verdienen Sie an jedem Verkauf

Jetzt bei www.GRIN.com hochladen und kostenlos publizieren

Nicole Heiter, Sabrina Bauer

Incentives im Rahmen von Verkaufswettbewerben

Definitionen Verkaufswettbewerbe / Incentives und ihre Anwendung

GRIN Verlag

Bibliografische Information der Deutschen Nationalbibliothek:

Die Deutsche Bibliothek verzeichnet diese Publikation in der Deutschen Nationalbibliografie; detaillierte bibliografische Daten sind im Internet über http://dnb.d-nb.de/ abrufbar.

Dieses Werk sowie alle darin enthaltenen einzelnen Beiträge und Abbildungen sind urheberrechtlich geschützt. Jede Verwertung, die nicht ausdrücklich vom Urheberrechtsschutz zugelassen ist, bedarf der vorherigen Zustimmung des Verlages. Das gilt insbesondere für Vervielfältigungen, Bearbeitungen, Übersetzungen, Mikroverfilmungen, Auswertungen durch Datenbanken und für die Einspeicherung und Verarbeitung in elektronische Systeme. Alle Rechte, auch die des auszugsweisen Nachdrucks, der fotomechanischen Wiedergabe (einschließlich Mikrokopie) sowie der Auswertung durch Datenbanken oder ähnliche Einrichtungen, vorbehalten.

Impressum:

Copyright © 2006 GRIN Verlag, Open Publishing GmbH
Druck und Bindung: Books on Demand GmbH, Norderstedt Germany
ISBN: 978-3-640-72814-5

Dieses Buch bei GRIN:

http://www.grin.com/de/e-book/159795/incentives-im-rahmen-von-verkaufswettbewerben

GRIN - Your knowledge has value

Der GRIN Verlag publiziert seit 1998 wissenschaftliche Arbeiten von Studenten, Hochschullehrern und anderen Akademikern als eBook und gedrucktes Buch. Die Verlagswebsite www.grin.com ist die ideale Plattform zur Veröffentlichung von Hausarbeiten, Abschlussarbeiten, wissenschaftlichen Aufsätzen, Dissertationen und Fachbüchern.

Besuchen Sie uns im Internet:

http://www.grin.com/

http://www.facebook.com/grincom

http://www.twitter.com/grin_com

Fachhochschule Ludwigshafen am Rhein, Hochschule für Wirtschaft
Fachbereich Betriebswirtschaft II
WS 2006/2007

Hausarbeit Kurs M 422

Incentives im Rahmen von Verkaufswettbewerben

Bauer, Sabrina
Heiter, Nicole

4. Semester, Bachelor- Studiengang Marketing

Abgegeben am: 20. Dezember 2006

Gliederung

I. Einführung (Sabrina Bauer) 3

II. Hauptteil 4
1. Verkaufswettbewerbe (Sabrina Bauer) 4
    1.1. Grundlagen von Verkaufswettbewerben 4
        1.1.1. Definition 4
        1.1.2. Arten 4
    1.2. Nutzen von Verkaufswettbewerben 4
        1.2.1. Vorteile 4
        1.2.2. Ziele 5
    1.3. Organisation von Verkaufswettbewerben 6
        1.3.1. Voraussetzungen 6
        1.3.2. Gestaltung 7
        1.3.3. Probleme und ihre Lösung 9
        1.3.4. Praxisbeispiele 10
2. Incentives (Nicole Heiter) 13
    2.1 Definition von Incentives 13
    2.2 Klassifikation von Anreizen 13
    2.3 Anforderungen an die Gestaltung von Anreizsystemen 14
    2.4 Beispiele von Incentives 14
        2.4.1 Geldprämien 15
        2.4.2 Sachprämien 15
        2.4.3 Auszeichnungen 16
        2.4.4 Incentive-Reisen 17
        2.4.5 Events 19
    2.5 Praxisbeispiele 19
        2.5.1 Verkaufswettbewerb "Insense" der Deutschen Bank AG 19
        2.5.2 Event- und Verkaufswettbewerb "Makler-Rallye" der Deutschen Immobilien Fonds AG (DIFA) 21

- 2.5.3 Aktuelles Beispiel der Agentur Hirschfeld Touristik und Event GmbH & Co. KG: "Den Elwedritschen auf der Spur – das verrückte Teamevent der Pfalz" 22
- 2.6 Ergebnisse der Marktanalyse "Incentive-Reisen in Deutschland: Umfang, Motive und Organisationsformen" von Prof. Dr. Thorsten Kirstges 23
- 2.7 Anwendungsmöglichkeiten von Anreizen im Rahmen des Cafeteria-Prinzip 24
- 2.8 Probleme bei der Anwendung von Anreizen als leistungsförderndes Instrument 25

III. Schluss (Nicole Heiter) 27
    Zusammenfassung der Ergebnisse 27

Literaturverzeichnis (Sabrina Bauer) 28
Literaturverzeichnis (Nicole Heiter) 29

I. Einführung (Sabrina Bauer)

Vertrieb und Verkauf sind heutzutage für den Erfolg eines Unternehmens unentbehrlich. Mit dieser zunehmenden Bedeutung des Vertriebes steigt ebenfalls der Bedarf an motivierten Mitarbeitern. Auch wenn nach Meinung einiger Führungskräfte sich die Vertriebsmitarbeiter am ehesten mit Geld zu Höchstleistungen beeinflussen lassen, sind sich die Experten einig, dass nicht nur das Gehalt bei der Motivation eine Rolle spielt. Die Unternehmen müssen demnach in der Lage sein mit monetären und nicht monetären Anreizen ihr Personal richtig und dauerhaft zu motivieren.

Die Vielfältigkeit der Incentives und der heutige Boom von professionellen Incentive-Agenturen machen es für Arbeitgeber allerdings schwer, das Richtige zu finden. Der Unternehmer muss in der Lage sein sich im Formenreichtum der Motivationsanreize zurechtzufinden und dabei das Rahmenbudget nicht aus den Augen zu verlieren.

Ein beliebtes Mittel, um das Vertriebspersonal aus seinem Arbeitsalltag zu locken und zu höherer Leistung anzutreiben sind Verkaufswettbewerbe. Gekoppelt mit einzigartigen Incentives sind sie sehr gut geeignet, um den Umsatz und die Motivation anzukurbeln.

II. Hauptteil

1. Verkaufswettbewerbe (Sabrina Bauer)

1.1. Grundlagen von Verkaufswettbewerben

1.1.1. Definition

Der Verkaufswettbewerb ist einer der zahlreichen immateriellen Motivationsanreize für Mitarbeiter, vor allem für Vertriebsmitarbeiter.

„Der Verkaufswettbewerb ist somit ein kurzfristiges und flexibel einsetzbares Aktivierungsinstrument." (Witt, 1996, S.255) Durch diese Formulierung liegt die Vermutung nahe, dass Verkaufswettbewerbe schnell einsetzbar sind, wenn es die Situation erfordert. Jedoch gibt es unterschiedliche Arten von Verkaufswettbewerben, bei denen eine komplexere Organisation notwendig ist, wodurch die kurzfristige Einsetzbarkeit und Durchführbarkeit nicht gewährleistet bleibt.

1.1.2. Arten

In der Regel sind Verkaufswettbewerbe von kurzer Dauer, d.h. maximal 6-8 Wochen. Nach Meinung von Hans Christian Weis werden diese kurzzeitigen Verkaufswettbewerbe eingesetzt, um kurzfristige Erfolge zu erzielen. Ein Beispiel ist die Steigerung des Absatzes bereits eingeführter Produkte. Allerdings kann die Neueinführung eines Produktes 3-12 Monate in Anspruch nehmen. Nur in dieser Ausnahmesituation eignet sich ein langfristiger Verkaufswettbewerb zur Bestimmung eines Jahressiegers. (Weis, 1989, S.182)

1.2. Nutzen von Verkaufswettbewerben

1.2.1. Vorteile

Jürgen Witt vertritt die Auffassung, dass die Stärke des Verkaufswettbewerbs im zweifachen Gewinnstreben liegt. Zum einen wird das Erwerbsstreben, nämlich die Chance einen Preis zu gewinnen, in jedem Mitarbeiter angesprochen. Zum anderen darf man das Geltungsstreben jedes einzelnen nicht unterschätzen. (Witt, 1996, S. 255) Denn wie schon 1985 Abraham Maslow mit seiner Bedürfnispyramide gezeigt hat, ist die soziale Anerkennung von großer Bedeutung und damit auch das Streben nach beruflichen Siegen.

Der zweite große Vorteil ist die Abwechslung des Arbeitsalltags durch Verkaufswettbewerbe. Das Geltungsstreben der Mitarbeiter wird optimal angekurbelt, wenn der Wettbewerb als sportliche Veranstaltung organisiert und anerkannt wird. Zudem ist ein Verkaufswettbewerb wichtig für die Teambildung und das Zusammengehörigkeitsgefühl. Denn Team bezeichnet im ursprünglichen Sinne das Zusammenspiel mehrerer Personen zur Erreichung eines bestimmten Ziels. Im Idealfall werden in einen Verkaufwettbewerb nicht nur die Außendienstmitarbeiter sondern auch die Innendienstmitarbeiter einbezogen, wodurch allen deutlich wird, dass man bestimmte Ziele nur mit Hilfe aller Mitarbeiter befriedigend lösen kann.

Jürgen und Sven Koinecke führen aus, dass Geld im Außendienst zwar der wichtigste aber nicht der alleinige Motivationsfaktor ist. (Koinecke, 2004, S. 256)

Die immateriellen Anreize sind ebenso wichtig, um die Mitarbeiter zu motivieren und ihnen die Wertschätzung die ihnen das Unternehmen entgegenbringt zu zeigen. Denn nur durch die richtige Verknüpfung von monetären und nicht monetären Anreizen, werden die Mitarbeiter richtig motiviert.

1.2.2. Ziele

Nach Meinung von J. und S. Koinecke gibt es folgende wichtige Anlässe, die für einen Verkaufswettbewerb geeignet sind:

Zuerst ist die Produktneueinführungen zu erwähnen, die allerdings die Ausnahme darstellen, da sie zu langfristig sind. Bei der Einführung von Produkten sollen durch die Wettbewerbe Erstaufträge eingeholt und der Umsatz angekurbelt werden.

Ein weiterer Anlass ist die Forcierung bestehender Produkte, die in den Hintergrund geraten sind. Dadurch sollen evtl. vergessene Produkte beim Personal als auch beim Kunden wieder ins Gedächtnis gerufen werden.

Auch bei der Neukundengewinnung können Wettstreite von Vorteil sein. Es sollen entweder neue Kunden akquiriert werden oder die Wertigkeit bereits bestehender Kunden angehoben werden.

Die Umsatzsteigerung ist eine weitere Gelegenheit, Wettbewerbe durchzuführen. Der Umsatz soll prozentual oder um einen bestimmten Geldbetrag erhöht werden.

Zuletzt ist die Zielerreichung ein wichtiger Beweggrund für die Durchführung von Verkaufswettbewerben. Es sollen individuelle Ziele oder Teamziele erreicht werden. Bedeutend hierbei sind der Zeitpunkt und der Grad der Zielerreichung.

(Koinecke, 2004, S. 257)

Ein nicht unwesentliches Ziel ist auch die Verbesserung des Betriebsklimas. Ein Verkaufswettbewerb kann durchaus dazu beitragen, dass neue Wege zur Zielerreichung gegangen werden. Zum Beispiel ist es gut, wenn alle Mitarbeiter in die Planung miteinbezogen werden, damit alle ihre Wünsche und Ideen preisgeben. Dies fördert nicht nur die Kreativität, sondern auch den Zusammenhalt, wenn die Organisation nicht nur bei den Vorgesetzten bleibt.

1.3. Organisation von Verkaufswettbewerben

1.3.1. Voraussetzungen

Damit Verkaufswettbewerbe ihre gewünschte Wirkung erzielen, müssen folgende Vorraussetzungen erfüllt sein:

Der Mitarbeiter muss eine positive Einstellung gegenüber seiner Arbeit und dem Unternehmen haben. Er muss also von sich aus motiviert sein und selbstbestimmt handeln. (Witt, 1996, S. 257) Das bringt uns dementsprechend zur Erkenntnis, dass es erfolglos ist, einen Menschen zu motivieren, der nicht dazu bereit ist, motiviert zu werden. Die Motivation ist folglich von verschiedenen Faktoren abhängig, die z.B. im Wesen des Menschen liegen. Nach Meinung von Meinulf Kolb ist ein Faktor das unterschiedliche Menschenbild. Der rational-ökonomische Mensch kann vor allem durch monetäre Anreize motiviert werden.

Der soziale Mensch kann durch soziale Bedürfnisbefriedigung motiviert werden. Er sucht die Anerkennung der Kollegen und wird so durch die Arbeitsgruppe statt durch Vorgesetzte gelenkt. Bei ihm treten Anreize, die ihm Anerkennung in der Gruppe verschaffen an erste Stelle.

Der sich-selbst-verwirklichende Mensch bevorzugt Selbstmotivation und Selbstkontrolle. Die Führungskräfte dienen zur Unterstützung statt zur Motivation oder zur Beobachtung.

Der komplexe Mensch erwirbt immer neue Motive und ist in ständigem Wandel was seine Bedürfnisse anbelangt. Er ist vorwiegend intrinsisch motiviert, daher müssen die Führungskräfte äußerst situativ handeln und nicht als Kontrolleur oder Organisator auftreten. (Kolb, 2002, S. 159)

Außerdem muss das Vergütungssystem von den Mitarbeitern akzeptiert sein. Ein ungerechtes Entlohnungssystem kann man nicht durch immaterielle Motivation verbessern. (Witt, 1996, S. 257) Die nicht monetären Anreize können also niedrigen Lohn nicht auffangen. Wie man schon aus der Bedürfnispyramide von Maslow erkennt, müssen zuerst die Sicherheitsbedürfnisse befriedigt sein, bevor man die nächste Stufe anstrebt. Durch ein zu geringes Einkommen kann also die Arbeitszufriedenheit Schaden nehmen.

Überdies müssen die Gewinnchancen erreichbar und attraktiv sein, damit sich die Anstrengung für die Mitarbeiter lohnt. (Witt, 1996, S. 257) Ansonsten würde der Verkaufswettbewerb in das Gegenteil umschlagen. Die gewünschte Motivation würde nicht erreicht werden, sich sogar in Demotivation umkehren, wenn die Gewinnziele viel zu unrealistisch angesetzt werden würden. Ca. 80% der Mitarbeiter sollten in der Lage sein, das Ziel zu erreichen. Denn oft genügt die bloße Furcht, das Ziel nicht erreichen zu können. Demotivierend ist auch, wenn die Chancen ungleich verteilt sind, also bestimmte Personen klare Wettbewerbsvorteile haben. Wenn solche Befürchtungen beim Personal bestehen, sollte man umgehend darauf reagieren und sie klären.

1.3.2. Gestaltung

Bei der Gestaltung von Verkaufswettbewerben muss man einige wichtige Regeln beachten. Zuerst müssen die Aktionen schriftlich fixiert sein, um jedem Teilnehmer die Ziele und Anforderungen bereit zu stellen. Wie schon erwähnt muss das zu erreichende Ziel von den Mitarbeitern als sinnvoll und wichtig anerkannt werden, damit sich die Anstrengungen lohnen. Ergänzend ist ein zündendes Motto, das den sportlichen Ehrgeiz und die Neugier auf den Wettbewerb weckt, erforderlich. Überdies muss jeder Mitarbeiter eine faire und realistische Chance auf den Gewinn haben, da sonst die Mehrzahl des Personals durch das zu hoch angesetzte Ziel demotiviert wird. In diesem Fall wäre ein Verkaufswettbewerb kontraproduktiv und würde nicht zum gewünschten Erfolg führen.

Die Verkaufswettbewerbe sollten nicht nur in umsatzstarken Zeiten eingesetzt werden, denn gerade in schlechteren Zeiten ist es notwendig die Mitarbeiter zu motivieren, somit ist es von Vorteil die Incentives antizyklisch einzusetzen. Das heißt gerade in umsatzschwachen Zeiten ist es wichtig die Mitarbeiter zu mehr Einsatz zu motivieren. Denn wenn sie dem Unternehmen wieder mehr Umsatz erbracht haben, ist das ebenfalls ein positiver Antrieb, da die Mitarbeiter somit am Erfolg des Unternehmens persönlich beteiligt sind.

Ebenfalls ist es unerlässlich während des Verkaufswettbewerbs immer wieder allen Mitarbeitern für ihre besonderen Leistungen zu danken, damit der Ansporn bis zum Ende erhalten bleibt. Von großer Wichtigkeit ist die Bekanntgabe von Zwischenergebnissen, um die Motivation und die erbrachten Leistungen im Auge behalten zu können. Die Wettbewerber können dadurch ihre eigenen Leistungen sowie die der Konkurrenten im Auge behalten und sich somit gegenseitig aktivieren.

Zudem ist die richtige Festlegung der Preise von großer Bedeutung.

Nach Auffassung von Hans Christian Weis sind Geldpreise nicht geeignet, da sie sich nicht vom übrigen Einkommen unterscheiden und nur kurzfristig wirken. Außerdem haben monetäre Anreize nicht die Wirkung des Außergewöhnlichen. (Weis, 1989, S. 182) Oftmals werden diese Sonderzahlungen für alltägliche Zwecke genutzt, meist für eine geplante Anschaffung wie z.B. ein neuer Fernseher. Dadurch geht die Verbindung zum Unternehmen verloren und es entsteht kein direkter positiver Effekt zur Arbeit.

Es gilt also, Preise zu finden an denen Mitarbeiter interessiert sind und die finanziell attraktiv als auch von hohem psychologischem Wert sind. Incentives als Belohnung können Sachpreise, Auszeichnungen, Reisen, als auch Events sein. Sind die Preise in ihrem Wert hoch und können nur von wenigen Mitarbeitern gewonnen werden, dann erzeugen sie eine hohe Motivation. Dies gilt allerdings nur dann, wenn immer mal andere Mitarbeiter gewinnen, was man durch unterschiedliche Zielsetzung erreichen kann. Ansonsten sind die übrigen Mitarbeiter demotiviert, was dazu führen kann, dass sie nicht mehr länger miteinander kooperieren. Somit kann es zu schlechtem Betriebsklima führen, was kontraproduktiv für die Motivation ist.

An dieser Stelle möchte ich auf den Gliederungspunkt 2. Incentives verweisen.

Von großem Vorteil sind Preise oder Events an denen außer den Mitarbeitern auch die Angehörigen teilhaben können. Dies dient dazu, dass auch die Familien die Arbeit schätzen lernen und eventuelle Versäumnisse, die durch Überstunden entstehen, eher anerkennen.

Und nicht zu vergessen ist die Übergabe der Preise. Dies soll nicht als eine „Dank-Orgie" (Sprenger, 2002, S.151) geschehen, sondern es soll ohne Umschweife, das Ergebnis und die Sieger vorgetragen werden. Klare Worte sind motivierender als auswendig gelernte Reden, die vorheucheln, wie gut alles ist.

1.3.3. Probleme und ihre Lösung

Wie schon Ludwig XIV sagte: „ Mit jedem Orden den ich verleihe, schaffe ich mir 99 Neider und einen Undankbaren." Um also die Motivation aller Mitarbeiter zu verstärken, sollte eine große Anzahl Gewinner sein, damit kein Neid entsteht. Dies kann man durch Teambildung erreichen, wobei man auch den Innendienst einbeziehen muss. Die gerechte Ausschüttung der Preise wird durch Teams jedoch komplexer, da die Ausschüttung pro Kopf auch die Mitläufer belohnt. Es werden also auch diejenigen vom System aufgefangen, die nicht wirklich viel beitragen, sondern nur von der Arbeit ihrer Teammitglieder profitieren.

Jürgen und Sven Koinecke haben einen Vorschlag, wie man diese ungerechte Verteilung besser regeln kann. Die Hälfte der Ausschüttung soll demnach jeweils nach Anzahl der Köpfe und die andere Hälfte nach Anteil des Individualerfolgs am Gesamterfolg vorgenommen werden. (Koinecke, 2004, S. 260)

Damit keine Frustration innerhalb der Verliererteams aufkommt sollte man folgendermaßen vorgehen: „Gewinner sind 1. das Siegerteam zuzüglich 2. die zwei besten Mitarbeitern in den anderen Teams." (Koinecke, 2004, S. 259)

Da allerdings bei einer großen Anzahl von Preisen der Stückwert sinkt, muss man einen geeigneten Mittelweg finden. Hierzu eignet sich sehr gut ein Incentive- Katalog, in dem sich die Mitarbeiter je nach Gewinnstufe ihre Belohnungen selbst aussuchen können. Die Prämien sind in diesem Katalog sehr vielfältig und reichen von Sachpreisen über Reisen oder Events bis hin zur Altersvorsorge.

Reinhard K. Sprenger sieht ein grundlegendes Problem in Belohnungen, so auch in Verkaufswettbewerben mit anschließender Preisübergabe: „Belohnung ist nicht das beste Mittel der Leistungssteigerung... Gibt man Studenten die Möglichkeit zwischen leichten und schwierigen Aufgaben zu wählen, entscheiden sie sich mehrheitlich für die schwierigeren. Stellt man monetäre Belohnungen in Aussicht, wählen sie nahezu ausschließlich die einfachen..." (Sprenger, 2002, S.71)

Sprenger sagt damit, dass bei einer Chance auf eine Anerkennung- monetär oder nicht monetär- die Menschen nicht mehr das tun, was sie sich zutrauen, sondern das, womit sie höchstwahrscheinlich die Belohnung bekommen werden. Aus diesem Blickwinkel betrachtet sind Verkaufswettbewerbe kontraproduktiv und kurbeln nicht den Umsatz oder die Motivation an. Allerdings sagt Sprenger auch: „ Alles, was Menschen wollen, ist wählen können." (Sprenger, 2002, S.242) Das bestätigt die vorherige Aussage, dass es von Vorteil ist, wenn man die Mitarbeiter direkt in die Planung des Wettbewerbs einbezieht. Dadurch ist die Entscheidung über einen Verkaufswettbewerb nicht mehr nur Sache der Vorgesetzten. Demzufolge wird das gesamte Personal an der Planung und Durchführung beteiligt. Man kann das beispielsweise in Projektgruppen durchführen, die dann jeweils zuständig sind für Organisation, Preisauswahl etc.

Ebenso wichtig ist, die Identifikation der Personen mit den Produkten und den Zielen der Firma oder Organisation, zu verbessern. Das ist möglich, in dem man die Person selbst beschreiben lässt, was genau sie an Ihrer Arbeit, Produkt oder Firma begeistert. Man sollte anschließend gemeinsam Ziele erarbeiten, um dann im Erfolgsfalle gezielt zu belohnen. Erfolge können auch veröffentlicht werden und so ein Ansporn für alle anderen sein.

1.3.4. Praxisbeispiele

Zuerst erläutere ich einen Verkaufswettbewerb von Lufthansa als positives Beispiel. Die Fluggesellschaft nutz die drei Vertriebswege Reisebüro, Internet und Callcenter. Durch die gezielte Förderung des Direktvertriebes, haben die Reisebüros nicht mehr den gewünschten Umsatz. Umso wichtiger ist es geworden, Maßnahmen zu ergreifen, die den Konflikt zwischen Direktvertrieb und Handel mildern. Die Lufthansa ist sehr daran interessiert, dass die Mitarbeiter der Reisebüros engagiert die Tickets verkaufen. Da dieser Vertriebsweg einen großen Teil des Umsatzes ausmacht, veranstaltet die Fluggesellschaft regelmäßig Verkaufswettbewerbe innerhalb der Reisebüros. 2004 startete wieder ein Wettbewerb nach folgendem Grundprinzip. „Finden Sie eine Metapher für Ihre Botschaft und setzen Sie das Bild in ein durchgängiges Mailingkonzept mit den Basiselementen Anschreiben, Flyer und Zugabe um." (o. V., Lufthansa: als Seilschaft Umsatzgipfel erklimmen, www.marketing-im-mittelstand.de, 6.12.2006)

Die Umsetzung war folgendermaßen; das Verkaufsziel sollte in verschiedenen Etappen errecht werden, bis es schließlich zum so genannten Mount Success führte. Das Mailing war für alle Reisebüroleiter, die ihr Team zum dreimonatigen Wettbewerb anmelden konnten. Das spielerische Element bildete eine Orientierungskarte des Mount Success, die im Reisebüro aufgehängt werden sollte. Alle Mitarbeiter eines Reisebüros bildeten eine Seilschaft und mussten jede Woche eine bestimmte Etappe erklimmen, bis am Ende das Team siegte, das am höchsten gekommen war. Von Zeit zu Zeit erhielten die Teilnehmer Verstärker- Mailings, damit sie die drei Monate durchhielten.

Das Ergebnis war gut, denn von 1600 angeschriebenen Reisebüros meldeten sich 1100 zu diesem Wettbewerb an. Dies war nicht zuletzt auch ein Verdienst der vorangegangenen Verkaufswettbewerbe, die erfolgreich durchgeführt wurden. Auch die Umsatzerwartungen wurden laut Lufthansa übertroffen, was darauf zurückzuführen ist, dass ein flexibles Verkaufsinstrument in immer wieder neuen Variationen erfolgreich eingesetzt wird.

Folgendes Beispiel zeigt, dass Verkaufswettbewerbe gut durchdacht und rechtlich einwandfrei sein müssen:

Im August 2003 veranstaltete die United Airlines einen Verkaufswettbewerb, bei dem jeder Reisebüromitarbeiter einen Smart gewinnen konnte. Jedes verkaufte Ticket der besagten Airline fungierte als Los für den Mitarbeiter des Reisebüros. Je mehr solcher Tickets also verkauft wurden, desto größer war die Chance auf den Hauptgewinn. Die Wettbewerbszentrale veranlasste die sofortige Einstellung des Wettbewerbs, da er wettbewerbswidrig sei. Die Begründung lag darin, dass die Zentrale befürchtete, dass Kunden nicht mehr nach ihren Bedürfnissen beraten werden sondern der Verkauf der United- Tickets im Vordergrund der Beratung steht. (WBZ, Pressemitteilung vom 7.August 2003)

Leistungsorientierte Vergütung kann also das kundenorientierte Verhalten der Vertriebsmitarbeiter im Außendienst negativ beeinflussen und zusammen mit Kontrollen, Reglementierung, Prämien und Provisionen sogar das partnerschaftliche Verhältnis zwischen Berater und Kunden beschädigen. Ein Berater wird gegenüber Kunden vorrangig über Preise und Konditionen argumentieren, weil er diese Denkkategorien aus seinem eigenen Umfeld kennt, anstatt sich individuell an den Kundenbedürfnissen zu orientieren.

Einen ähnlichen Wettbewerb veranstaltete die Firma o2 im Jahr 2006, gegen den die Wettbewerbszentrale allerdings nicht vorging.

Tolle Preise standen allen Händlern von o2 bevor, die den „Schlüssel zum Erfolg" hatten. Der gleichnamige Verkaufswettbewerb des Münchener Mobilfunkanbieters o2 startete am 1. November. Bis zum 30. November hatten die Händler von o2 in allen fünf Verkaufsregionen Deutschlands die Gelegenheit, mit jedem Neuvertrag für Geschäftskunden Erfolgsschlüssel zu sammeln.

Die besten acht Händler jeder Region, die die meisten Geschäftskunden-Neuverträge abschließen konnten, wurden von o2 prämiert.

(Lars Rohrbeck, o2 Germany- Verkaufswettbewerb, www.looki.de, 6.12.2006)

Der Unterschied dieses Wettbewerbs besteht darin, dass die Händler direkt von o2 waren und nicht etwa Geschäfte, die noch andere Produkte anbieten, wie im ersten Beispiel.

2. Incentives (Nicole Heiter)

2.1 Definition von Incentives

Der Begriff "Incentives" wird in der Literatur synonym zu dem Begriff "Anreize" verwendet. Anreize sollen das Leistungsverhalten der Mitarbeiter im Bezug auf die unternehmerische Zielsetzung positiv beeinflussen (Schanz, 1990, S.8).
Grundsätzlich wird die menschliche Leistung von unterschiedlichen Determinanten beeinflusst: Leistungsfähigkeit und Leistungsbereitschaft als interne Faktoren und innerbetriebliche, situationsbedingte Maßnahmen als externe Einflussgrößen. Unter Fähigkeit zur Leistung versteht man die physischen Möglichkeiten bzw. das Wissen, Leistung zu erbringen. Die Leistungsbereitschaft bezieht sich auf die Motivation, etwas zu tun (Hopfenbeck, 1996, S.208). Um diese optimal nutzen und noch steigern zu können, werden innerbetriebliche Maßnahmen in Form von Anreizsystemen eingesetzt. Damit Anreize im Sinne der Leistungssteigerung wirken, müssen sie zu den Motiven und Bedürfnissen des einzelnen Mitarbeiters passen (Schanz, 1990, S.8).

2.2 Klassifikation von Anreizen

Wim de Ruiter und Thomas Koch teilen Anreize in drei Kategorien ein: nach dem Anreizobjekt, nach der Zahl der Anreizempfänger und nach der Anreizquelle. Bei dem Anreizobjekt unterscheidet man materielle (z.B. Provision, Prämien) und immaterielle Anreize (z.B. Lob, Auszeichnung). Je nachdem, ob Incentives an Einzelpersonen, Gruppen oder an ganze Organisationen vergeben werden, bezeichnet man sie als Individual-, Gruppen- oder organisationsweite Anreize. Ein weiteres Unterscheidungsmerkmal ist die Art der Motivation. Verhalten, das durch den Antrieb aus der Arbeit selbst begründet ist, bezeichnet man als intrinsisch motiviert (Schanz, 1990, S. 13). Es spricht das Leistungs-, Kontakt-, Tätigkeits- und Selbstverwirklichungsmotiv der Mitarbeiter an (Eyer, 2001, S. 16). Sie haben Maßstäbe verinnerlicht, die sie in die Lage versetzen, sich selbst für ihre Erfolge zu belohnen (Weber, 1993, S. 318). Im Gegensatz dazu steht die Verhaltensbeeinflussung des Mitarbeiters durch äußere Anreize, z.B. Sachprämien. Das Verhalten dient hierbei als Instrument zur Erreichung einer bestimmten Belohnung. Man unterscheidet extrinsische Motive materieller Art, die sich auf monetäre Belohnungen beziehen und extrinsische Motive immaterieller Art, deren Gegenwert eher in der Befriedigung von sozialen und beruflichen Bedürfnissen besteht (Eyer, 2001, S16).

2.3 Anforderungen an die Gestaltung von Anreizsystemen

Anreize sollen nachhaltig wirken. Um dies zu gewährleisten, müssen sie eine Reihe von Bedingungen erfüllen:

Die leistungsorientierte Ausrichtung von Incentives bezieht sowohl Leistungsverhalten, als auch Leistungsbedingungen und Leistungsergebnis mit ein. In der Praxis ist hierbei eine einseitige Fokussierung auf das Ergebnis feststellbar. Da dieses aber konjunkturellen sowie finanziellen Risiken (z.B. Wechselkursrisiko, Zinsniveau) unterliegt, ist der Einflussbereich des Mitarbeiters begrenzt. Deshalb ist eine Orientierung an allen drei oben genannten Aspekten sinnvoll (Grewe, 2003, S.14, nach Becker, 1990, S. 22 f). Das Anreizsystem muss sowohl innerhalb des Betriebes als auch im Marktvergleich gerecht sein, damit jeder Mitarbeiter die gleichen Chancen auf Belohnung hat und keine Fluktuation zu anderen Unternehmen stattfindet (Grewe, 2003, S.14, nach Wächterli, 1995, S.169f., Evers, 1987, Sp. 299f.). Das Anreizsystems sollte mit anderen vergleichbar, verständlich und nachvollziehbar sein (Grewe, 2003, S. 14, nach Guthof,1990, S. 39; Wienkamp, 1996, S.269), damit Anreize auch als solche erkannt werden (Grewe, 2003, S. 14f, nach Schanz, 1991, S. 25). Veränderungen des Unternehmensumfeldes sowie der Wertewandel der Gesellschaft (Grewe, 2003, S. 15, nach Keller, 1995, S. 82; Bleicher, 1989, S.383; Dörfler, 1993, S. 26) erfordern zudem eine zunehmende Flexibilisierung der verhaltenssteuernden Maßnahmen (Grewe, 2003, S. 15 nach Krüger, 1991, S. 72; Mathes/Lottermann, 1997, S.898f.;Schmidt, 1993, S.494). Kosten und Nutzen müssen hierbei ausgeglichen sein (Grewe, 2003, S. 15, nach Wächterli, 1995, S. 172).

2.4 Beispiele von Incentives

In der Literatur werden Incentives in Sachprämien, Auszeichnungen, Reisen und Events eingeteilt. Unklar bleibt hierbei, ob Geldprämien ebenfalls in dieser Definition enthalten sind oder nicht. Wim de Ruiter und Thomas Koch führen sie als eigenes Instrument auf (Schanz, 1990, S. 1029). Aus Gründen der Vollständigkeit werden sie kurz erwähnt.

2.4.1 Geldprämien

Geldprämien sind finanzielle Vergütungen, die zusätzlich zum Grundgehalt für besondere Verdienste und Leistungen des Mitarbeiters vergeben werden (Fremmer, 1996, S. 27). Nach Holger Scheepers kommt ihnen in Verbindung mit Verkaufswettbewerben immer noch die größte Motivationswirkung zu (acquisa, 12/98, S. 58). Die Bemessungsgrundlage der Prämien ist unterschiedlich, sie kann sich z.b. nach Umsatz, Zahl der Kundenkontakte oder Zahl der Aufträge richten (Weis, 1989, S.179). Der Vorteil dieser monetären Vergütungsform liegt in ihrer einfachen Umsetzung und der Möglichkeit, Mitarbeiter je nach Leistung unterschiedlich zu entlohnen. Nachteilig wirkt sich aus, dass mit ihr geringe Erinnerungs- und Erlebniswerte verbunden sind. Oft muss der Mitarbeiter die Prämie selbst versteuern. Von allen Formen der Incentives ist sie am wenigsten geeignet, sich mit den Produkten und dem Unternehmen zu identifizieren (acquisa, 12/98, S.58). Deshalb wirken Geldprämien nur kurzfristig motivierend. Im Außendienst kann man zudem beobachten, dass bei wiederholter Form der Belohnung ein Gewohnheitseffekt entsteht. Die Motivation verringert sich zunächst und verliert dann ihre Wirkung (Schanz, 1990, S. 1029, nach Pflaum, 1988, S. 150f.).

Fazit:
Die Wirkung von Geldprämien ist in der Literatur umstritten. Einerseits ist der monetäre Anreiz für Mitarbeiter sehr wichtig, andererseits wirken Geldleistungen nur kurzfristig auf die Motivation (acquisa, 12/98, S.58). Der Einsatz dieses Instrumentes sollte mit anderen Anreizen wie Lob oder Sachprämien kombiniert werden.

2.4.2 Sachprämien

Sachprämien sind ebenso wie Geldprämien nach individueller Leistung differenzierbar. Dadurch ist es möglich, einen größeren Personenkreis anzusprechen (Schanz, 1990, S.1030). Im Gegensatz zu monetären Prämien bieten sie unter gewissen Vorraussetzung einen längerfristigen Motivationsanreiz:
Die Prämie muss den Mitarbeiter an seinen Erfolg erinnern, um sein weiteres Engagement für das Unternehmen sicherzustellen (acquisa, 12/98, S.58). Es ist sinnvoll, dass sie direkt im Zusammenhang mit seiner erbrachten Leistung steht. Eine persönliche Beziehung zum Außendienstmitarbeiter kann der Arbeitgeber

herstellen, indem nicht nur er, sondern auch seine Familie von dem Belohnungssystem profitiert. Der positive Nebeneffekt dieser Vorgehensweise ist, dass das Unternehmen höheres Ansehen bei den Angehörigen genießt, was wiederum dazu führt, dass sie den Mitarbeiter in seinen Bemühungen bestärken und motivieren. Die Exklusivität der Sachprämie ist ein weiteres Kriterium für ihren Erfolg. Sie zeigt dem Außendienstmitarbeiter die Wertschätzung seiner Arbeit (acquisa, 12/98, S. 58). Die Prämien können zudem durch das Unternehmen meist kostengünstig eingekauft werden (Schanz, 1990, S.1030). Am wichtigsten aber ist, dass Incentives individuell auf den Mitarbeiter abgestimmt werden. Nur wenn sie in der Lage sind, seine Bedürfnisse zu befriedigen, tritt der gewünschte Motivationseffekt ein. Hier empfiehlt sich der Einsatz von Sachpreisen, die der Mitarbeiter wertschätzt, sich aber nicht kaufen würde oder leisten kann. In der Praxis bedeutet das allerdings, dass die Vorlieben und Interessen des Auszuzeichnenden bekannt sein müssen. Da die Umsetzung dieses Vorhabens schwierig ist, greift man gerne auf Incentive-Kataloge zurück, aus denen sich der Mitarbeiter seine Prämien selbst aussuchen kann. So besteht auch nicht die Gefahr, dass er einen Gegenstand zweimal geschenkt bekommt (acquisa, 12/98, S.58). Die Auswahl bei diesem Verfahren ist allerdings aus Kostengründen begrenzt und der Bezug zum Unternehmen nicht unbedingt gegeben (Schanz, 1990, S. 1030). Außerdem besteht die Gefahr einer geringeren Motivation, da der Mitarbeiter nicht weiß, welche Prämien das Unternehmen zur Auswahl bereit stellt (acquisa, 12/98, S. 58).

Fazit:

Sachprämien haben einen höheren Erinnerungswert als Geldprämien (acquisa, 12/98, S. 58). Wenn Sie die oben genannten Vorraussetzungen erfüllen, sind sie als Motivationsinstrument zur Leistungssteigerung geeignet. Im Rahmen einer öffentlichen Vergabe wird die Motivation der Mitarbeiter durch die Anerkennung von Kollegen und Vorgesetzen noch verstärkt (Schanz, 1990, S.1030 nach Grell, 1982, S. 34 ff.).

2.4.3 *Auszeichnungen*

Auszeichnungen sind Ehrungen einer Person aufgrund besonderer Verdienste (www.know-library.net). Sie können z.B. in Form von Anstecknadeln, Plaketten oder

Ehrenurkunden vergeben werden (Schanz, 1990, S.1029, nach Grell, 1974, S. 486). Der Mitarbeiter fühlt sich dadurch anerkannt und in seiner Leistung bestätigt (Schanz, 1990, S.1030 nach Grell, 1982, S. 34 ff.).

Fazit:

Auszeichnungen sind ein kostengünstiges Instrument, um gegenüber dem Mitarbeiter persönliche Wertschätzung auszudrücken. Ebenso wie Sachprämien sind sie im Rahmen einer öffentlichen Vergabe besonders wirksam. Zur Verstärkung der Motivation kann man die beiden Elementen miteinander kombinieren (Schanz, 1990, S. 1030).

2.4.4 Incentive-Reisen

Reisen wurden lange als besonders geeignet angesehen, um Mitarbeiter für ihre Einsatzbereitschaft zu entlohnen. Im Rahmen von Verkaufswettbewerben finden sie noch heute große Anwendung. Kennzeichen einer Incentive-Reise ist ihre Einzigartigkeit: Sie ist keine gewöhnliche Urlaubsreise, sondern bietet besondere Highlights in Bezug auf Reiseziel und -inhalt. Das Unternehmen sollte dafür sorgen das Programm möglichst abwechslungsreich und spannend zu gestalten. Damit bleibt es dem Mitarbeiter lange in positiver Erinnerung und wirkt über den Reisezeitraum hinaus motivierend. Die Organisation und Durchführung einer solchen Reise wird meist von einer Incentive-Agentur übernommen, die ihre Programme individuell auf die Bedürfnisse des jeweiligen Klientel ausrichtet (acquisa, 12/98, S. 58ff.). Nicht jede Idee ist für jeden Mitarbeiter geeignet, deshalb ist hier eine Differenzierung der Angebote nach Branchen und Arbeitsgebieten sinnvoll. Noch wirkungsvoller im Sinne der Nachhaltigkeit der Motivation erweist es sich, wenn das Motto in direktem Bezug zu den Zielen des Unternehmen steht (Schanz, 1990, S. 1030). Hier könnte man sich z.B. ein Outdoor-Parcours mit verschiedenen Hindernissen, die im Team zu überwinden sind, als Sinnbild für die Schwierigkeiten der Entwicklungsabteilung bei der Einführung eines neuen Produktes vorstellen. Durch die Arbeit in der Gruppe wird zudem die Teamfähigkeit gefördert und der Zusammenhalt gestärkt. Die Teilnehmer lernen, dass sie als Teil eines Ganzen oft auf die Unterstützung ihrer Kollegen angewiesen sind, um im Geschäftsleben erfolgreich zu sein. Ebenso können sie die Möglichkeit nutzen, außerhalb der

Veranstaltungen, Kontakte zu Kollegen, Vorgesetzten und Mitarbeiter anderer Abteilungen zu knüpfen. Für das Betriebsklima ist dies äußerst förderlich. Andererseits hat der Vorgesetzte ebenfalls die Gelegenheit zu einem persönlichen Gespräch mit dem Mitarbeiter. Dadurch zeigt er Interesse an den Anliegen und Problemen seines Gegenübers und lernt ihn besser einzuschätzen. So kann er auch sein Führungsverhalten individuell anpassen (acquisa, 12/98, S. 60). Die Anzahl der Reiseteilnehmer darf jedoch nicht allzu groß sein, da die Reise sonst einer Massenveranstaltung gleicht, bei der die Motivation der Mitfahrenden merklich sinkt (Schanz, 1990, S. 1031). Positiv zu bewerten ist, dass sich die Mitarbeiter, die an der Reise teilnehmen, von ihren Vorgesetzten wertgeschätzt und anerkannt fühlen. Auch gegenüber ihren Kollegen genießen sie ein gewisses Ansehen. Die Bindung zu dem Unternehmen wird enger und erhöht damit die Bereitschaft, sich für dieses einzusetzen.

Jedoch hat die Incentive-Reise auch Nachteile:
Hier sind vor allem die Kosten zu nennen. Im Vergleich zu Geld- und Sachprämien sind sie relativ hoch. Holger Scheepers hält dem allerdings entgegen, dass die Motivation hauptsächlich durch den Erlebniswert der Reise gefördert wird und nicht durch ihre Exklusivität. Hinzu kommen Kosten, die durch die Abwesenheit des Mitarbeiters entstehen wie z.B. der Verlust der Arbeitszeit (Schanz, 1990, S. 1031). Um dies zu umgehen, könnte man in Erwägung ziehen, die Reisezeit vom Jahresurlaub des Mitarbeiters abzuziehen, jedoch wäre das kontraproduktiv für dessen Motivation (acquisa, 12/98, S. 60). Da der Arbeitgeber meist auch für die lohnsteuerlichen Aspekte der Reise aufkommt, ergibt sich hieraus eine zusätzliche Belastung für das Unternehmen. Neben den Kosten gibt es weitere Aspekte, die berücksichtigt werden müssen. Bei der Auswahl der Teilnehmer einer Incentive-Reise besteht die Gefahr, dass sich die Mitarbeiter, die nicht mitfahren durften, benachteiligt fühlen (Schanz, 1990, S.1030 nach De Ruiter, 1987, S.15). Im Gegensatz dazu ist aber auch möglich, dass einzelne Teilnehmer diese Art der Belohnung nicht besonders schätzen.

Fazit:
Trotz einiger Nachteile überwiegen die Vorteile der Incentive-Reisen. Wenn sie dem Mitarbeiter einen besonderen Erlebnis- und Erinnerungswert bieten, der für ihn einzigartig und unvergleichbar ist, sind sie als Instrument zur langfristigen Motivation

geeignet. Um ihre Wirkung noch zu verstärken, können sie mit Sachprämien kombiniert werden: die Sachprämie ist individueller und belohnt die Eigenleistung des Mitarbeiters, während die Reise die Leistung des ganzen Teams honoriert (acquisa, 12/98, S. 58ff.).

2.4.5 Events

Der Begriff „Event" kommt aus dem Englischen und bedeutet Ereignis. Im Bereich Incentives sind Events meist eintägige Veranstaltungen, die im eigenen Land stattfinden. Hierzu zählen z.B. Betriebsausflüge und Outdoor-Training (www.wikipedia.de).

Fazit:

Events sind kostengünstiger als Incentive-Reisen und durch ihre vielfältigen Gestaltungsmöglichkeiten für den Einsatz bei allen möglichen Personengruppen geeignet. Sie stellen somit ein ideales Motivationsinstrument dar.

2.5 Praxisbeispiele

Zur Veranschaulichung werden hier drei Praxisbeispiele von Incentives wiedergegeben:

2.5.1 Verkaufswettbewerb "Insense" der Deutschen Bank AG

Ausgangspunkt ist ein Verkaufswettbewerb über fünf Runden, an dem über 1000 Mitarbeiter in 36 Betreuungsteams teilnehmen. Mitarbeiter, die besondere Leistungen erbringen, werden durch die Teilnahme an Incentive-Tagen belohnt, die sie unter vorgegebenen Möglichkeiten frei wählen können. Die Ziele des Verkaufswettbewerbs liegen einerseits in der Förderung von Leistung und Kreativität der Teams sowie in der Verbesserung der Zusammenarbeit und Stärkung des Teamgeistes. Dies soll durch die besondere Konzeption des Wettbewerbes in zwei Kategorien umgesetzt werden:

Die erste Kategorie bewertet den besten Ergebniszuwachs pro Team. Ermittelt wird dieser durch die Veränderung des Deckungsbeitrags im Bezug auf die Planvorgaben. Um die Ergebnisse der Teams, die unterschiedliche viele Mitglieder haben, vergleichen zu können, wird der Zuwachs in Prozent gemessen. So hat jede Gruppe die Möglichkeit, diesen Teilbereich zu gewinnen. Der Wettkampf wird jedes Quartal erneut ausgetragen. Dazu wird der Bemessungsindex an jedem Quartalsanfang auf 100 gesetzt und dient als Grundlage für den Ergebniszuwachs. Die kurzen Zeitabstände garantieren eine langfristige Motivation der Teilnehmer, da sie in jedem Quartal erneut ihr Geschick unter Beweis stellen können.

In der zweiten Kategorie sind die persönlichen Fähigkeiten der Teilnehmer gefragt, die sogenannten "soft skills". Dazu gehören Eigenschaften wie Kreativität, Flexibilität und Kundenorientierung. Ein besonderer Fokus liegt hierbei auf der Teamleistung. Nur mit ihrer Hilfe lassen sich Gesamtkonzepte wie z.B. die Verbesserung der Kundenzufriedenheit, eine effektive Reklamationsbearbeitung oder die Optimierung von internen Organisationsprozessen in Richtung der Kundenwünsche usw. verwirklichen. Das Problem der Bewertung dieser nicht quantifizierbaren Leistungen wird durch die Mitglieder gelöst. Jedes Team entscheidet selbst, ob die gemeinsame Arbeit gut genug ist, den Wettbewerb mit den Ideen der Konkurrenten gewinnen zu können. Ist dies der Fall, schickt es die Projektunterlagen an die Incentive-Organisation. Der betreuende Bereichsleiter sammelt sie und leitet sie an alle Betreuerteams der Deutschen Bank Südwest weiter. Diese prüfen und bewerten die Projekte und vergeben für sie eine Punktzahl nach einem vorher festgelegten Punktesystem. Das Team mit der höchsten Punktzahl ist der Gewinner in der Kategorie zwei. Eine Besonderheit dieses Verfahrens ist, dass die Bewertung durch die eigenen Kollegen vorgenommen wird, nicht durch übergeordnete Instanzen. Auf diese Weise hat jeder Mitarbeiter die Möglichkeit, sich mit den Projekten zu beschäftigen und daraus Anregungen für spätere Projekte zu ziehen. Die beiden Gewinnerteams aus Kategorie eins und zwei, die pro Quartal ermittelt werden, wählen aus verschiedenen Incentive-Tagen ihren Favoriten. Die Belohnung bezieht hierbei ebenfalls den Aspekt der Teamförderung mit ein. Durch die Verwendung von Outdoortrainings-Elementen, sportlichen Wettbewerben, Teamspielen oder Vertrauen schaffenden Maßnahmen wird der Zusammenhalt des Teams weiter gestärkt. Den Mitarbeitern wird dadurch vermittelt, dass auch der Arbeitsalltag von Zusammenarbeit geprägt ist. Durch regelmäßige Erinnerungsschreiben, auf denen das Logo des Verkaufswettbewerbes als Erkennungsmerkmal fungiert und Plakate, in den Büros der Verkaufteams, die zusätzlich die Namen der jeweiligen

Quartalsgewinner ausweisen, soll die Motivation längerfristig aufrechterhalten werden (acquisa, 10/2000, S. 50 - 51).

2.5.2 Event- und Verkaufswettbewerb "Makler-Rallye" der Deutschen Immobilien Fonds AG (DIFA)

Im Jahre 2004 gab es eine sinkende Investitionsbereitschaft in offene Immobilienfonds und Rückgänge bei Verkauf und Vermietung von Immobilienobjekten. Die Deutsche Immobilien Fonds AG steuerte dieser Entwicklung durch eine Kombination aus virtuellem Wettbewerb in Echtzeit und realen Events entgegen. 54 Mannschaften, bestehend aus Vertriebsmitarbeitern und externe Maklern, beteiligten sich an der sogenannten "Makler-Rallye". Die Berliner Agentur Ad Agenda entwickelte dazu folgendes Konzept:

Die einzelnen Teams erhalten Bonuspunkte, wenn sie Besichtigungstermine mit potentiellen Käufern und Mietern in DIFA-eigenen Objekten durch externe Makler arrangieren können. Ziel ist es, einen möglichst hohen Kontenstand an fiktiver "Immo"-Währung zu erreichen. Der Wettkampf wird zusätzlich durch den Einsatz von den Gedanken der Rallye entsprechenden Auftaktveranstaltungen in den regionalen Zentren und eine intensive Informationsbegleitung unterstützt. Dies festigte auch die Bindung der Makler an die Kunden. Die Siegerteams werden durch Preise wie reale Wettfahrten mit schnellen Motorflitzern, Husky-Touren im hohen Norden oder Segeltörns im Mittelmeer belohnt. Das Konzept erwies sich als äußerst erfolgreich: die Zahl der Besichtigungen der insgesamt 34 Immobilien konnte nach dem Start des Wettbewerbs im Jahre 2004 um 30 Prozent gesteigert werden. Der Abschluss wichtiger Mietverträge ist ebenfalls darauf zurückzuführen.

Um den positiven Trend fortzusetzen, veranstaltete die DIFA Ende 2004 erneut einen Event-Wettbewerb:

46 Teams nehmen an einer virtuellen Geländewagen-Rallye in drei mal 80 Tagen rund um den Globus teil. Begonnen hat diese nach Auftaktveranstaltungen im gesamten Bundesgebiet und in Brüssel am Kap der Guten Hoffnungen. Durch die erfolgreiche Vermittlung von Besichtigungsterminen gewinnt jedes Team "Immometer", die sie auf der virtuellen Strecke näher zu ihrem Ziel führen. Um den Stand des Rennens zu erfahren, kann der Standort jedes Fahrzeuges in Echtzeit im

Internet verfolgt werden. Die Gewinner der ersten Etappe durch Afrika und Europa erwartete ein Flug in einem Sportflugzeug unter fachkundiger Anleitung. Schauplatz war die nähere Umgebung. Die Finalisten erlebten das echte Rallye-Gefühl in Form von luxuriösen Jeep-Touren in Tansania, Oman und Marokko. Haupteffekt dieses Wettbewerbs war, die Initiative von Mitarbeiter in räumlich getrennten Niederlassungen zu stärken. Durch seine allgemeine Ausrichtung kann das Programm mit geringem Änderungsaufwand auch auf andere Branchen übertragen werden
(Acquisa, 03/2005, S. 64 - 65).

2.5.3 Aktuelles Beispiel der Agentur Hirschfeld Touristik und Event GmbH & Co. KG: "Den Elwedritschen auf der Spur – das verrückte Teamevent der Pfalz"

Dieser Event aus dem aktuellen Katalog- und Internetangebot der Agentur Hirschfeld in Zusammenarbeit mit lokalen Anbietern/Veranstaltern wird empfohlen als Betriebsausflug, Rahmenprogramm oder Maßnahme zum Zwecke des Teambuilding. Der Programmablauf könnte etwa so aussehen:

Mindestens 25 Teilnehmer werden an einem noch zu vereinbarenden Ort in Rheinland-Pfalz mit einem Willkommenstrunk aus dem Horn des letzten Ur-Elwedritschen empfangen. Nachdem sie Anweisungen eines erfahrenen Elwedritsche-Jägers bekommen und einiges über die Geschichte der mysteriösen Elwedritsche, pfälzer Fabelwesen mit langen Hälsen, großen Flügeln und merkwürdigen Klauen, erfahren haben, wird der Lockruf, auf den das Tier angeblich hören soll, einstudiert. Dann begeben sich die Teilnehmer, mit Säcken und Laternen bewaffnet, auf die Jagd nach den scheuen Tieren. Nach erfolgreichem Gelingen wird die Beute zusammen mit weiteren Speisen in der Jagdhütte verzehrt. Der restliche Abend wird mit Spielen und kleinen Prüfungen rund um das Fabelwesen bestritten.

Der Programmvorschlag ist in dieser Form unverbindlich und kann von dem Anbieter/Veranstalter individuell auf die speziellen Bedürfnisse der jeweiligen Teilnehmer zugeschnitten werden. Die Agentur bietet dieses Ereignis im Zeitraum von März – Oktober an. Es dauert etwa 6 Stunden (www.hirschfeld.de).

2.6 Ergebnisse der Marktanalyse "Incentive-Reisen in Deutschland: Umfang, Motive und Organisationsformen" von Prof. Dr. Thorsten Kirstges

Prof. Dr. Thorsten Kirstges untersuchte im Auftrag der "Society Incentive & Travel Executive International (SITE) Foundation and SITE Germany Chapter" im Zeitraum von Dezember 1999 – März 2000 den deutschen Markt für Incentives, insbesondere Incentive-Reisen. Dabei wurde im Rahmen einer Primäranalyse 1.500 Unternehmen, die potentielle Nutzer für Incentives darstellten, ein etwa 10-seitiger Fragebogen zugeschickt. Alle ausgewählten Unternehmen sollten angeben, ob und in welchem Umfang sie Incentives, besonders Incentives-Reisen einsetzten. Da hauptsächlich potentielle Nutzer befragt wurden, sind die Erkenntnisse über diese Grundgesamtheit nur beschränkt aussagekräftig. 155 Fragebogen wurden ausgewertet, dies entspricht einer Rücklaufquote von 10,3%. Zuzüglich expliziter Aussagen, dass (keine) Incentives genutzt werden, ergab sich ein Rücklauf von 405 auswertbaren Interviews bei einer Quote von 27%. Die Unternehmen waren zu 50% im Dienstleistungsbereich tätig, zu 37% im produzierenden Gewerbe und zu 13% im Handel. Diejenigen, die Incentives, speziell Incentive-Reisen als Motivationsinstrument einsetzten, wurden im Rahmen des Fragebogens nochmals genauer untersucht.

Allgemein sind die Anforderungen an Incentives sehr hoch, besonderer Wert wird hierbei auf die Organisation und die individuelle Anpassung an die Teilnehmergruppe gelegt. Das Prestige der Reise ist dagegen weniger wichtig. 80% der Unternehmen informieren sich bei Incentive-Agenturen, Reiseveranstaltern und ähnlichen Stellen über entsprechende Angebote. Der Anteil, der dort gebucht wird, ist jedoch prozentual niedriger. Reisen werden im Gegensatz zu anderen Incentives zwar nicht als kostengünstig angesehen, dafür bleiben sie länger in Erinnerung und werden als etwas Besonderes empfunden. Hauptadressaten sind Mitarbeiter in Vertrieb oder Verkauf, 52,4% der Unternehmen setzen sie häufig oder sehr häufig bei dieser Zielgruppe ein. Die gemeinsame Freizeitgestaltung steht dabei im Vordergrund der Reise, sie nimmt 50% der Zeit in Anspruch. Dagegen wird nur 19% der Zeit in Schulungen investiert. Bei der Unterbringung zeichnen sich zwei Tendenzen ab: Einerseits übernachten die Mitarbeiter in einfachen Unterkünften wie z.B. Hütten, andererseits werden sie in exklusiver Umgebung wie z.B. Schlössern untergebracht. Wenn Hotels gebucht werden, liegen Sie zu 32% im 5-Sterne-Bereich, zu 55% im 4-Sterne-Bereich und zu 13% in der 3-Sterne-Kategorie. Die meisten Incentive-Reisen werden in Gruppen durchgeführt (83%), der Anteil der Einzelreisen liegt nur bei 17%. Dabei fahren 59% der Gruppenreisenden ins Ausland, 41% bleiben in Deutschland. Die Reiseziele variieren dabei häufig. Mehr als 33% der Unternehmen bietet bei Einzelreisen wechselnde oder wählbare Reiseziele an, bei Gruppenreisen sind es fast 75%, die immer wieder unterschiedliche Orte bevorzugen. Die Dauer einer Incentive-Reise beschränkt sich meist auf zwei bis drei Tage am Wochenende. Fast die Hälfte der Unternehmen gab dies bei der Befragung an. Unter der Woche bieten nur 17% der Unternehmen zwei bis sechstägige Fahrten an. Fast 50% der Unternehmen haben keine vorgegebenen Zeiten, an dem sie ihre Incentive-Reisen durchführen. Ein Drittel der Incentive-Reisen finden aber im Frühjahr statt. Bei den Kosten gibt es genau wie bei der Unterbringung zwei Tendenzen: Auf der einen Seite bieten die Unternehmen exklusive und teuere Reisen an, auf der anderen Seite tendieren sie zu besonders preiswerten Angeboten. Insgesamt verteilen sich die Ausgaben zu 40% auf die Unterkunft, zu 26% auf das Verkehrsmittel und zu 34% auf sonstige Ausgaben. Der zukünftige Anteil der Reisen bleibt voraussichtlich konstant: 17% der Unternehmen wollen mehr Incentive-Reisen vergeben, genauso viele jedoch auch weniger (www.gcb.de).

2.7 Anwendungsmöglichkeiten von Anreizen im Rahmen des Cafeteria-Prinzip

Wie bereits in Punkt 2.6.2 "Sachprämien" erwähnt, ist es bei der Belohnung von Mitarbeitern wichtig, deren individuellen Bedürfnisse zu befriedigen. Die Umsetzung dieses Vorhabens ist allerdings bereits aus organisatorischen Gründen schwer zu bewerkstelligen. Ein Ansatz zur Problemlösung besteht darin, dem Mitarbeiter selbst eine gewisse Freiheit bei der Wahl von Unternehmensleistungen einzuräumen. Hierbei empfiehlt sich die Anwendung des Cafeteria-Prinzips. Es bietet dem Mitarbeiter die Möglichkeit, unter verschiedenen Formen der Entlohnung zu wählen. Dies soll an einem Beispiel verdeutlicht werden:

Ein Außendienstmitarbeiter bekommt zur geschäftlichen und privaten Nutzung einen Firmenwagen zur Verfügung gestellt. Da er eine große Familie hat, verzichtet er auf einen Teil seines variablen Gehalts, um ein größeres Fahrzeug zu wählen. Dadurch muss er keinen Unterhalt für ein zusätzliches Privatauto bezahlen. Außer finanziellen ergeben sich auch steuerliche Vorteile: Würde der Mitarbeiter seinen variables

Gehalt in voller Höhe beziehen, müsste er den gesamten Betrag versteuern. Von seinem Nettoeinkommen müsste er dann eventuell noch ein größeres Privatfahrzeug finanzieren. Verzichtet er jedoch auf einen Teil seines variablen Gehalts zugunsten eines größeren Fahrzeugs, übernimmt sein Arbeitgeber die Kosten für dessen Anschaffung. Der Außendienstmitarbeiter zahlt weniger Lohnsteuer und muss den Wagen pauschal nur mit 1% des Anschaffungswerts monatlich versteuern.

In Zukunft wird auch das Konzept der "Deferred Compensation", einer vom Arbeitgeber finanzierten Altersvorsorge, an Bedeutung gewinnen:
Hier werden variable Teile der Vergütung vor der Versteuerung in Zahlungen für eine betriebliche Altersvorsorge umgewandelt. Die Gesamtvergütung bleibt erhalten, jedoch wird ein Teil davon nicht sofort ausbezahlt, sondern in die Altersvorsorge investiert. Für die Inanspruchnahme von Leistungen der "Deferred Compensation" gibt es im Wesentlichen drei Gründe. Erstens soll die Versorgungssituation im Alter verbessert werden. Das rückläufige Rentenniveau in der Sozialversicherung wird diese Entwicklung zusätzlich verstärken. Die Steuerersparnis ist ein weiterer Grund für diese Form der Altersvorsorge. Die Anteile der Vergütung, die für deren Finanzierung verwendet werden, werden erst bei Ausschüttung der Altersvorsorge besteuert. In der Regel ist der spätere Steuersatz niedriger als der gegenwärtige, woraus sich eine Steuerersparnis ergibt. Der dritte Grund liegt im Renditevorteil des Modells. Die Raten für eine private Altersvorsorge würde der Mitarbeiter normalerweise aus dem Nettoeinkommen bezahlen. Die Verzinsung des bei der "Deferred Compensation" eingesetzten Kapitals wird erfolgt aber vom Bruttoeinkommen und bringt deshalb eine höhere Rendite (Kieser, 2003, S. 115f.).

2.8 Probleme bei der Anwendung von Anreizen als leistungsförderndes Instrument

Anreizsysteme werden für einen größeren Personenkreis konzipiert, sollen aber auch die Bedürfnisse des Einzelnen befriedigen. Diese Anforderungen sind nur schwer miteinander zu vereinbaren. Aufgrund der Tatsache, dass es keine eindeutigen Erkenntnisse über die Mitarbeitermotivation in unterschiedlichen Situationen gibt, fehlen operative Kriterien für deren Messbarkeit. Die Wirkung eines Anreizes kann somit nicht eindeutig bestimmt werden, sondern beruht eher auf Vermutungen und Erfahrungswerten. Materielle Anreize sind oft an Tarifverträge gebunden. Dadurch wird ihre individuelle Gestaltung in Bezug auf die betrieblichen Erfordernisse schwierig. Zudem sind Anreizsysteme kaum in der Lage, Kriterien wie Gerechtigkeit in vollem Maße zu entsprechen. Dazu bilden sie die Motivationsvorgänge zu unrealistisch ab. Im Weiteren hängt die Wirksamkeit von Anreizen unmittelbar damit zusammen, ob die Mitarbeiter diese auch als Anreize erkennen oder erkennen können. Das erfordert ein Marketing, das dem Mitarbeiter erwünschte bzw. unerwünschte Verhaltensweisen und dafür gewährte Belohnungen verdeutlicht. Sonst bleiben sie wirkungslos (Eyer, 2001, S.24f.).

III. Schluss (Nicole Heiter)

Zusammenfassung der Ergebnisse

Der Erfolg von Incentives hängt wesentlich von der individuellen Ausrichtung auf die Zielgruppe ab. Dabei ist es wichtig, dass die Anreize zu den unterschiedlichen Bedürfnissen der Mitarbeiter passen (Schanz, 1990, S.8). Monetäre Anreize werden vor allem von erfolgsorientierten Gruppen wie Außendienstmitarbeitern geschätzt, haben aber insgesamt eine eher kurzfristige Motivationswirkung. Sachpreise und Auszeichnungen erhöhen den sozialen Status eines Mitarbeiters, sie sprechen sein Geltungs- und Anerkennungsbedürfnis an. Aufgrund ihrer vielfältigen Gestaltungsmöglichkeiten bieten Reisen und Events einen längerfristigen Motivationseffekt. Besonders wirkungsvoll ist der Einsatz von Incentives bei Verkaufswettbewerben. Sie sind für alle Branchen geeignet und fördern spielerisch Teamgeist und Leistungsbereitschaft der Mitarbeiter. Dabei muss gewährleistet sein, dass nicht der Verkauf im Vordergrund steht, sondern die Personen, die zum Erfolg des Unternehmens beitragen. Sie sollten sich wertgeschätzt und nicht zur Erreichung von Unternehmenszielen missbraucht fühlen (acquisa, 12/98, S. 60). Da Mitarbeiter unterschiedliche Bedürfnisse haben, empfiehlt sich bei Verkaufswettbewerben der kombinierte Einsatz von monetären und nicht-monetären Anreizen. Incentives sind jedoch nur ein Instrument, Mitarbeiter zu höheren Leistungen zu motivieren. Es müssen noch weitere Faktoren eingesetzt werden, um das gesamte Potential der Mitarbeiter nutzen zu können (Schanz, 1990, S. 1036).

Literaturverzeichnis (Sabrina Bauer)

a.) Monographien

- Koinecke, Jürgen und Sven, In harten Zeiten den Verkauf leiten, Frankfurt a. M., 2004
- Sprenger, Reinhard K., Mythos Motivation, Frankfurt, 2002
- Weis, Hans Christian, Verkauf, 2. Auflage, Ludwigshafen, 1989
- Witt, Jürgen, Prozessorientiertes Verkaufsmanagement, Wiesbaden, 1996

b.) Internet- Quellen

- o. V.: „Win a smart Roadster": Verkaufswettbewerb gestoppt, Zentrale zur Bekämpfung unlauteren Wettbewerbs, http://www.wettbewerbszentrale.de/de/pressemitteilungen, 10.11.2006
- o. V.: Lufthansa: Als Seilschaft Umsatzgipfel erklimmen, Deutscher Direktmarketingverband, www.marketing-im-mittelstand.com, 6.12.2006
- Lars Rohrbeck: o2 Germany- Verkaufswettbewerb, www.looki.de, 6.12.2006

Literaturverzeichnis (Nicole Heiter)

Manographien:

Becker, F.G.: Einführung; in: Eyer, E. (Hrsg.): Praxishandbuch Entgeltsysteme, Düsseldorf, 2001

Fremmer, H.: Zeitgemäße Entgeltformen, Köln, 1996

Grewe, A.: Implementerierung neuer Anreizsysteme, 2. Auflage, München, 2003

Hopfenbeck, W., Allgemeine Betriebswirtschafts- und Managementlehre, 10. Auflage, Landsberg/Lech, 1996

Kieser, H.-P.: Moderne Vergütung im Verkauf, Eschborn, 2003

De Ruiter, W., Koch, T. ; Schanz, G.: in: Schanz, G. (Hrsg.), Handbuch Anreizsysteme, Stuttgart, 1990

Weber, W.: Entgeltsysteme, Stuttgart, 1993

Weis, H. C. :Verkauf, 2. Auflage, Ludwigshafen, 1989

Zeitschriften:

Baas, B: „River-Rafting bei der Deutschen Bank", in: acquisa, 10/2000, S. 50 – 51

Dietzel, K.: „Spielerisch zum Umsatzplus", in: acquisa, 03/2005, S.64 – 65

Scheepers, H.: „Wettbewerbe zur langfristigen Motivation", in: acquisa, 12/1998, S. 56 – 60

Internetquellen:

„o.V", Sia „Aisys", http://auszeichnung.know-library.net/, 16.12.06

„o.V.": Hirschfeld Toristik Event GmbH & Co., Den Elwedritschen auf der Spur – das verrückteste Teamevent der Pfalz!
http://www.hirschfeld.de/internet/main.php4?Xpid=1038&Xsid=XgeoRO_1&idx=10064&no_suchinfo=11&ranking_td=11, 13.12.06

Prof. Dr. Thorsten H. Kirstges: Marktanalyse Incentive-Reisen in Deutschland: Umfang, Motive und Organisationsformen, Society of Incentives Travel Executives, http://www.gcb.de/downloads/site_studie.pdf, 13.12.06

„o.V.": Incentives, Wikimedia Foundation Inc.,
http://de.wikipedia.org/wiki/Incentive,10.10.06